Les animaux de la ferme

Katie Daynes

Maquette : Nickey Butler et
Catherine-Anne MacKinnon

Illustrations : Christyan Fox

Expert-conseil : David Uren

Pour l'édition française :
Traduction : Alexia Valembois
Rédaction : Renée Chaspoul et Anna Sánchez

Sommaire

À la ferme

Les moutons, les poules et les vaches vivent dans des fermes, tout comme d'autres animaux, tels que poissons et autruches.

Les fermiers élèvent les animaux pour leur lait, leurs œufs et plumes, la chair, la peau ou la laine.

À travers les âges

Partout dans le monde, les hommes construisent des fermes pour garder leurs animaux près d'eux.

Il y a longtemps, les animaux vivaient tous en liberté. Les hommes les chassaient pour leur chair.

Les hommes ont ensuite appris à parquer les animaux qu'ils chassaient dans des enclos.

Ils ont découvert qu'ils pouvaient aussi utiliser les œufs, la laine et le lait des animaux.

De nos jours, certains animaux de la ferme vivent dans une cabane. D'autres vivent en plein champ.

Les fermiers font pousser de l'herbe pour nourrir leurs vaches et leurs moutons.

Nourrir les animaux

Les animaux de la ferme n'ont pas toujours la possibilité de trouver de quoi se nourrir. Les fermiers leur donnent alors à boire et à manger.

Lorsque l'herbe est sous la neige, les fermiers donnent du foin à leurs moutons.

Le fermier donne des gamelles d'eau et de grain aux poussins qui viennent de naître.

Ensuite, au bout d'une semaine, ils apprennent à picorer le grain dans la mangeoire.

Pour boire, ils savent actionner l'abreuvoir avec leur bec.

L'herbe est dure à mastiquer. Les vaches l'avalent une première fois, puis la régurgitent et la mâchent de nouveau. C'est ce que l'on appelle ruminer.

Le ranch

Les ranchs sont des fermes entourées de vastes terres. On y élève souvent des bœufs pour la viande.

Au printemps, les exploitants du ranch mènent le bétail dans les collines, où l'herbe est abondante.

Avant les premiers froids de l'hiver, les fermiers rassemblent le bétail et le reconduisent à la ferme.

Dans les grands ranchs, on rassemble le bétail avec un hélicoptère.

C'est le bruit de l'hélicoptère qui fait avancer les animaux.

Pour attraper un animal, le fermier lui jette un lasso sur les cornes.

Les poules pondeuses

La poule est la femelle du coq. Toutes les poules pondent des œufs, dont certains seulement donneront naissance à des poussins.

Certains fermiers élèvent des poules pour leurs œufs.

Chaque jour, les œufs frais sont ramassés et vendus.

Pour qu'un poussin sorte de l'œuf, il faut qu'un coq se soit accouplé avec la poule.

On reconnaît le coq à sa crête.

1. Lorsque le coq et la poule se sont accouplés, la poule fait un nid.

2. Elle pond des œufs et les tient au chaud en les couvant.

3. Elle retourne les œufs à l'aide de son bec et de ses pattes.

4. Au bout de 21 jours, les œufs éclosent et un poussin en sort.

On dit que les poulets sont élevés en plein air lorsqu'on les laisse courir en liberté.

La traite

On élève souvent les vaches, les chèvres ou les brebis pour leur lait.

On trait les vaches plusieurs jours après qu'elles ont mis bas.

On place une trayeuse à l'extrémité du pis de la vache. Le lait se déverse dans une cuve.

On trait les vaches deux fois par jour. Un camion-citerne récupère le lait.

De nombreux fermiers traient leurs bêtes à la main. Ils pressent l'extrémité du pis pour en faire jaillir le lait, qui coule dans un récipient.

Certains fermiers mettent de la musique pendant qu'ils traient les brebis, car elles produisent ainsi plus de lait.

La tonte

L'été, les moutons peuvent se passer de leur épaisse toison de laine. Les fermiers les tondent et la laine sert à faire vêtements et couvertures.

Les fermiers se font aider par un chien de berger pour rassembler le troupeau de moutons.

Ils utilisent parfois un sifflet pour indiquer au chien ce qu'il doit faire.

Les moutons sont rassemblés dans un enclos.

Leur laine est tondue d'une seule pièce.

Le fermier laisse ensuite partir le mouton.

Il existe aussi des élevages de lamas. Leur laine est très douce.

Ces lamas viennent juste d'être tondus.

Cochons et porcelets

Les cochons sont souvent couverts de boue, mais ils tiennent leur cabane propre et sèche.

Ils cherchent leur nourriture à même le sol. Les fermiers leur donnent des aliments en granulés.

Ils se roulent dans la boue s'ils ont chaud...

puis s'étendent au soleil pour faire sécher la boue.

Les cochons ont un excellent odorat. On peut les dresser à repérer les truffes (un champignon rare).

On appelle porcelet le petit du cochon. Une femelle peut avoir 14 porcelets en une seule portée.

Agneaux et veaux

À la ferme, les mères s'occupent des petits qu'elles mettent au monde, parfois avec l'aide du fermier.

Le fermier aide parfois la maman brebis à mettre bas.

Puis la maman brebis se lève et lèche son agneau.

L'agneau tient sur ses pattes au bout de quelques minutes.

Une marque à la peinture permet de savoir à quelle portée appartient l'agneau.

Extrémité
du pis

En général, les vaches ne mettent bas qu'un seul veau. Le veau tète le lait au pis de sa mère.

Chaque brebis bêle à sa manière, ce qui permet à ses petits de la reconnaître.

Canards et oies

On élève les canards et les oies pour leurs œufs,
leurs plumes et leur chair.

Ce fermier conduit ses
canards au marché.

Les oies vivent en
groupe ou troupeau.

Les canards et les oies ne vont pas forcément
couver leurs œufs jusqu'à ce qu'ils éclosent.

La fermière prend
l'œuf que l'oie vient
juste de pondre.

Elle le place dans le
nid d'une poule, qui
va le couver.

Les fermes marines

Il existe des fermes où on élève des poissons. Ainsi, des saumons naissent dans des bassins d'eau douce puis ils sont transportés dans une ferme marine.

Les poissons vivent dans de grands parcs délimités par des filets et reliés par une passerelle flottante.

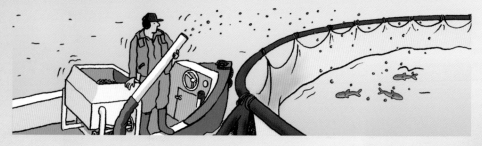

L'éleveur vient à la ferme en bateau. Il répand des aliments en granulés dans les parcs.

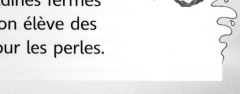

Dans certaines fermes marines, on élève des huîtres pour les perles.

Les parcs à saumons sont contrôlés par un plongeur.

Il vérifie s'il y a des trous dans les filets ou des poissons morts.

Au bout de 18 mois, les saumons sont assez grands pour être vendus.

Les grands oiseaux

On élève les autruches pour leurs œufs, leur peau et leur chair. On utilise leurs plumes pour orner des costumes et des chapeaux.

Elles sont parquées dans des champs assez vastes pour qu'elles puissent courir.

Pour déplacer une
autruche, on lui met un
capuchon sur la tête.

L'obscurité la rend
docile et elle se laisse
conduire par l'éleveur.

Les autruchons sont rassemblés dans un enclos.
L'éleveur leur donne de la nourriture en granulés.

Avec un seul œuf d'autruche, on peut
faire une omelette pour 12 personnes.

La neige et le sable

On ne trouve que très peu d'animaux de ferme dans les régions très froides ou très chaudes.

Dans certains pays froids, on élève les rennes pour leur chair, leur lait et leur peau.

Certains éleveurs de rennes utilisent des motoneiges pour rassembler leur troupeau.

Dans le désert, les éleveurs campent là où leur troupeau peut trouver à manger.

Lorsqu'il ne reste plus d'herbe, les éleveurs conduisent leur bétail plus loin.

On appelle nomades les éleveurs qui se déplacent avec leurs animaux.

Élevage de crocodiles

Les crocodiles sont élevés surtout pour leur peau mais aussi pour leur chair.

Les crocodiles ont besoin d'eau et de chaleur.

Les crocodiles peuvent atteindre la longueur de trois grands hommes allongés bout à bout.

1. La femelle creuse un nid avec ses pattes.

2. Elle pond environ 50 œufs dans le nid.

3. L'éleveur met les œufs au chaud dans une couveuse.

4. Au bout de 80 jours, les bébés crocodiles sortent de leur coquille.

Vocabulaire de la ferme

Voici la liste de quelques-uns des mots utilisés dans ce livre, avec leur définition. Peut-être ne les connaissais-tu pas.

 foin : de l'herbe séchée. En hiver, les fermiers nourrissent les vaches et les moutons avec du foin.

 élever : s'occuper d'animaux et de leurs petits.

 bétail : désigne les animaux du troupeau en général, tels vaches, moutons, cochons.

 pis : partie du corps de la vache, de la brebis, de la chamelle ou de la chèvre par l'extrémité de laquelle sort le lait.

 tondre : raser la laine d'un mouton, d'un lama ou d'un autre animal.

 nomades : éleveurs qui se déplacent avec leurs animaux pour trouver de la nourriture.

 couveuse : caisse chauffée dans laquelle sont placés les œufs jusqu'à l'éclosion.

Sites Web

Si tu as un ordinateur, tu peux chercher sur Internet d'autres informations sur les animaux de la ferme. Sur le site Quicklinks d'Usborne, tu peux déjà te connecter aux quatre sites suivants :

Site 1 : Des questions pour tester tes connaissances sur quelques animaux de la ferme.

Site 2 : Pour s'amuser : des bricolages, des coloriages et des activités sur le thème de la ferme.

Site 3 : Pour tout savoir sur le lait.

Site 4 : Visite une ferme aux crocodiles et apprends-en plus sur ces animaux fascinants. Avec des jeux.

Pour accéder à ces sites, connecte-toi au site Web Quicklinks d'Usborne sur **www.usborne-quicklinks.com/fr**. Lis les conseils de sécurité et tape le titre du livre.

Les sites Web sont examinés régulièrement et les liens donnés sur le site Quicklinks d'Usborne sont mis à jour. Les éditions Usborne déclinent toute responsabilité concernant la disponibilité ou le contenu de tout site autre que le leur. Nous recommandons d'encadrer les enfants lorsqu'ils utilisent Internet.

Index

Remerciements

Rédactrice en chef : Fiona Watt, Directrice de la maquette : Mary Cartwright
Maquette de la couverture : Michelle Lawrence
Manipulation photo : John Russell et Emma Julings

Crédit photographique

Les éditeurs remercient les personnes et organismes suivants pour l'autorisation de reproduire leurs documents : © **Alamy Images** (Robert Harding Picture Library Ltd) 20, (Jan Baks) 25 ; © **Alvey & Towers** 2-3 ; © **Bruce Coleman** (Jens Rydell) 28-29 ; © **CORBIS** (David R. Stoecklein) 8-9, (Don Mason) 10, (Bernard et Catherine Desjeux) 13 & 27, (Charles Philip) 14, (Dave G. Houser) 15, (George McCarthy) 16, (Tom Stewart) 17, (Niall Benvie) 31 ; © **Digital Vision** 1, 21 ; © **FLPA (Foto Natura Stock)** 22-23 ; © **Getty Images** (Harvey Lloyd) 24, (Wayne R Bilenduke) 26 ; © **NHPA** (Joe Blossom) couverture ; © **Peter Dean, Agripicture.com** 4-5, 6, 18 ; © **Stephen St. John, National Geographic Image Collection** 19

Tous les efforts ont été faits pour retrouver et remercier les propriétaires de copyright. L'éditeur s'engage à rectifier toute omission éventuelle, s'il en est informé, dans toutes rééditions à venir.

Nos remerciements à

Susan Smith, élevage d'autruches de White House, la ferme aux crocodiles de Hartley's Creek